Charles Lévêque

Du Génie grec au temps d'Alexandre

Épicure et Praxitèle

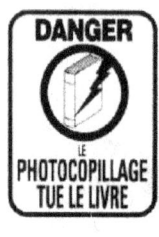 Le code de la propriété intellectuelle du 1er juillet 1992 interdit en effet expressément la photocopie à usage collectif sans autorisation des ayants droit. Or, cette pratique s'est généralisée dans les établissements d'enseignement supérieur, provoquant une baisse brutale des achats de livres et de revues, au point que la possibilité même pour les auteurs de créer des œuvres nouvelles et de les faire éditer correctement est aujourd'hui menacée. En application de la loi du 11 mars 1957, il est interdit de reproduire intégralement ou partiellement le présent ouvrage, sur quelque support que ce soit, sans autorisation de l'Éditeur ou du Centre Français d'Exploitation du Droit de Copie , 20, rue Grands Augustins, 75006 Paris.

ISBN : 978-1719260534

10 9 8 7 6 5 4 3 2 1

Charles Lévêque

Du Génie grec au temps d'Alexandre

Épicure et Praxitèle

Table de Matières

Introduction	7
Section I	10
Section II	18

Introduction

Loin de s'affaiblir avec le temps, l'intérêt qu'excite l'étude de la Grèce antique semble croître de nos jours. Parmi les gens éclairés, on n'en trouverait plus un seul capable de s'écrier, comme un violent ennemi de Voltaire, le poète Clément :

Qui nous délivrera des Grecs et des Romains ?

C'est qu'il en est de même pour tous les grands objets : un peu de science en éloigne, beaucoup de science en rapproche. Or la science des choses grecques s'est considérablement développée en Europe depuis un demi-siècle, et l'on sait, sans qu'il soit nécessaire d'abonder ici en détails, que la France a pris une large part à ce mouvement, que sur certains points même elle l'a provoqué. Elle a eu, elle a encore des philologues, des érudits, des archéologues, des topographes qui, en réunissant leurs efforts à ceux des Allemands et des Anglais, ont amassé une quantité de témoignages au moyen desquels l'histoire retrouve chaque jour quelqu'un des traits véritables de ce peuple grec « qui, selon une heureuse expression de M. Grote, a le premier éveillé les facultés intellectuelles encore endormies de notre nature [1]. »

Mais il ne servirait de rien de le dissimuler, quelle que soit l'ardeur avec laquelle les recherches sont poussées dans tous les sens, l'histoire grecque demeure extrêmement difficile à écrire. La période purement épique et légendaire y est très longue et n'offre trop souvent à la critique en quête de faits réels et certains que l'appui mobile de la fiction. Même quand on aborde des époques plus récentes, on rencontre à chaque pas des obscurités qu'auraient dissipées ou des lacunes qu'auraient comblées d'importants monuments, si le temps ne les avait détruits. Il faut se résigner, par exemple, à ignorer ce qu'on aurait appris en lisant le fameux recueil, aujourd'hui perdu, où Aristote avait rassemblé les constitutions de cent cinquante villes différentes. Et pourtant que devient la physionomie de la Grèce, lorsqu'on néglige les aspects divers qu'offrait sa vie essentiellement multiple ? On peut se dire, pour se consoler, qu'après tout ce corps aux membres si nombreux eut une tête où vinrent se concentrer les pensées de la nation et un cœur qu'échauffèrent ses plus nobles passions. On peut, afin d'obéir à ce besoin d'unité qui est une des lois les plus impérieuses de l'esprit humain, voir dans Athènes le centre d'une civilisation que cette ville portait à son plus haut point après l'avoir sauvée de la domination des Perses, et dont elle conserva fidèlement les restes jusqu'au Ve siècle après Jésus-Christ. Néanmoins cette façon d'arranger et de composer l'histoire grecque, fût-elle d'ailleurs admise comme légitime, ne dispenserait pas la science d'étudier à fond et de retracer exactement les destinées des peuples qu'elle aurait groupés, autour de la cité de Minerve. Et c'est alors que recommenceraient les regrets et les incertitudes ; c'est alors que l'écrivain scrupuleux serait obligé de laisser des blancs dans son récit plutôt que d'y introduire des erreurs et de ne présenter que des conjectures ou des probabilités là où la curiosité du lecteur réclame des assertions précises et des affirmations certaines.

La difficulté est grande encore lorsque, au lieu de suivre les Grecs dans les mouvements compliqués de leur activité politique, on se propose de déterminer les phases successives de leur génie intellectuel, et de saisir les rapports intimes qui, chez eux, rattachèrent l'inspiration à la pensée, la spontanéité à la réflexion, la poésie, la littérature et les arts à la philosophie. De ce côté encore, les routes se croisent, se mêlent, s'effacent ; le fil conducteur se rompt à chaque instant. Que de chefs-d'œuvre mutilés ou réduits en poussière ! Que d'écrits tronqués ou perdus ! Cependant, grâce au nombre et à la valeur des ouvrages qui ont échappé à la ruine, grâce aussi à la merveilleuse unité de l'esprit grec, dont les changements uniformément variés marquent de caractères communs les productions d'une même époque, les vues d'ensemble sont possibles et permises, pourvu qu'elles aient été préparées par une exposition savante et une discussion sévère des textes et des faits. C'est ainsi que, dans ces dernières années, des essais consciencieux, quoique limités et timides encore, sur les affinités plus ou moins secrètes et les traits de ressemblance plus ou moins frappants que présentent la plastique et la métaphysique des Grecs, ont été accueillis par les hommes compétents avec une encourageante faveur. A côté de ceux qui refont patiemment l'anatomie de la société grecque, en ramassant deçà et de la jusqu'aux moindres débris de ce beau corps, on a pensé qu'il y avait place pour ceux qui aiment à en retrouver la physiologie et à se demander comment ces membres, épars aujourd'hui, se joignaient, s'unissaient, influaient les uns sur les autres et composaient une organisation vivante et féconde. Cette double façon d'envisager l'antiquité hellénique a produit, à l'École française d'Athènes, deux courants d'études distincts, quoique parallèles, et deux groupes de travailleurs. Les uns, actifs, intrépides, infatigables, véritables soldats de l'érudition, bravant les dangers et les maladies, ont exploré avec succès et enrichi le champ des découvertes archéologiques et littéraires. Les autres, voyageurs aussi et partageant fraternellement les fatigues des premiers, mais portés par goût aux méditations contemplatives, ont essayé, à leurs risques et périls, de remonter des faits historiques à leurs lois et des résultats esthétiques à leurs causes. C'est à ce dernier groupe qu'appartiennent, entre autres, M. Burnouf, bien connu des lecteurs de la *Revue*, M. Fustel de Coulanges, dont l'heureux début a été annoncé ici même, il y a peu de jours, par un habile critique, et M. Emile Gebhart, auteur d'une intéressante *Histoire du sentiment poétique de la nature dans l'antiquité grecque et romaine*, et d'un ouvrage sur *Praxitèle* qui nous paraît mériter une attention particulière.

Le livre de M. Gebhart a pour objet d'expliquer à un point de vue philosophique, et par l'histoire même de la philosophie, non-seulement les vicissitudes de la sculpture, mais celles du génie grec sous toutes ses formes, depuis le moment de son plus grand éclat jusqu'aux jours de sa décadence. L'importance de la question, la nouveauté de la méthode, le talent de l'auteur, que des juges autorisés et peu suspects de faiblesse ont récemment appelé « un brillant esprit, » nous déterminent à entretenir le public de cette hardie tentative. D'ailleurs des théories philosophiques fort diverses s'efforcent en ce temps-ci d'agir sur la littérature, sur l'art, en un mot sur le génie français. Tandis que les unes, pour le relever et le rajeunir, l'engagent à puiser ses inspirations aux sources les plus hautes, les autres flattent ses plus dangereuses fantaisies et l'aident à déchoir. Les deux partis ne peuvent que gagner à bien savoir comment en Grèce l'inspiration et la pensée se sont d'abord éclairées mutuellement, puis aveuglées. Quelle fut cette réciproque influencé aux trois époques de Périclès, d'Alexandre et du démembrement de l'empire macédonien ? Jusqu'à quel point l'auteur que nous avons sous les yeux l'a-t-il aperçue et constatée ?

Voilà ce que nous allons rechercher ; mais on nous permettra, dans cette étude, d'avoir surtout en vue les destinées de la philosophie, et de prendre particulièrement à cœur son intérêt et ses progrès.

Section I

Au siècle de Périclès, un mouvement extraordinaire se produisit qui a rendu ce temps à jamais mémorable : tout ce qu'il y avait d'intelligent en Grèce afflua vers Athènes, et Athènes imprima un essor immense aux intelligences qu'elle avait enfantées et à celles qui étaient venues du dehors lui demander l'excitation, la lumière et la gloire. Ce fait, très connu, cent fois remarqué, et qui, lorsqu'on le prend en gros, ressemble à un lieu commun historique, paraît au contraire presque nouveau dès qu'on se donne la peine de l'envisager dans les circonstances particulières qui le constituent. Alors, en même temps qu'on voit revivre sous sa plus noble forme une civilisation disparue, on apprend quel degré de force et quel irrésistible ascendant l'amour et le culte de l'intelligence peuvent communiquer à la plus petite des sociétés destinées à jouer un rôle dans le monde.

Ce n'est certes pas, — est-il besoin de le dire ? — que ces Grecs fussent autant de purs esprits dégagés des liens de la matière et maîtres absolus de leurs corps. Une sensualité tellement ardente qu'on n'oserait plus en décrire les effets circulait dans leurs veines et les jetait dans les plus déplorables égarements ; mais, sensuels comme ils l'étaient, et tout en continuant de l'être, ce fut leur mérite et leur supériorité de rechercher passionnément les jouissances de l'esprit, d'être fiers avant tout de leur intelligence et de comprendre assez la raison pour y voir le principe même des êtres et la puissance ordonnatrice de l'univers. Un instinct naturel, qui ne manqua probablement à aucune des peuplades hellènes, mais qui devint chez les Athéniens une faculté énergique et prédominante, poussa ceux-ci à dégager de mieux en mieux des choses, des formes et des notions l'élément purement rationnel et la signification métaphysique qu'elles contenaient.

C'est ainsi, pour ne citer qu'un exemple, que le mythe primitif d'Athéné ou Minerve se transforma entre leurs mains jusqu'à se changer en une conception admirable. Nulle part ne se trahit plus clairement l'effort d'une pensée toujours en travail qui va élevant et épurant graduellement son objet. Si nous en croyons les plus récents symbolistes allemands et français, et parmi ceux-ci MM. Guigniaut, commentant et complétant Creuzer, et M. Alfred Maury, qui a recueilli et agrandi les vues de ses devanciers, Athéné ne fut, dans l'origine, qu'une personnification féminine de l'élément humide. La preuve en est dans le nom de Tritogénie, qui veut dire *née des eaux*, et que lui donnaient les Minyens. « On comprend, écrit M. Maury, que la Béotie, qui avait été dans le principe un marais sans cesse inondé par les débordements du lac Copaïs, ait rendu un culte particulier aux eaux et rapporté la personnification de l'élément humide à sa divinité suprême. Des légendes où se reconnaît l'allégorie de l'inondation et de la fertilisation des terres par les eaux constituaient la mythologie locale de ce pays. » Athéné représentait aussi l'air, qui, selon les anciens, se formait de l'eau par voie d'évaporation. Plus tard elle symbolisa l'éther, l'air lumineux et pur, et fut en conséquence considérée de proche, en proche comme l'emblème de la pureté, de la chasteté. Enfin ce pur éther, hostile aux forces physiques terrestres et ténébreuses, cette Athéné aux yeux glauques, comme l'eau qu'elle avait autrefois personnifiée, dépouille les enveloppes dont l'avait entourée un naturalisme grossier, et n'apparaît plus que sous l'aspect idéal et presque métaphysique de l'intelligence, fille du cerveau de Jupiter, née sans hymen de l'esprit même du souverain des dieux. L'on voit quelle distance sépare la Tritogénie des Minyens de la Pallas d'Athènes. Cette distance, qui est celle-là même de la matière à l'esprit ou de la force physique à la puissance de penser, le génie grec la parcourut seul, et ne fut satisfait que lorsqu'il l'eut parcourue. M. Grote a raison d'affirmer que l'Athéné-Parthénos est une conception absolument grecque. La raison grecque, parvenue à une certaine conscience d'elle-même, avait recomposé à son image la divinité élémentaire des premiers temps. Elle expliquait par des affinités intellectuelles le choix que Minerve avait fait du peuple athénien à l'époque mystérieuse où les dieux s'étaient partagé le monde. « Vulcain et Athéné, dit Platon dans le *Critias*, qui avaient la même nature, et comme venant du même père et comme marchant au même but par leur commun amour pour les sciences et pour les arts, eurent ensemble en partage notre pays, qui convenait singulièrement à leur vertu et à leur sagesse. »

Ce côté intellectuel de la religion nationale exerça sur l'art grec une séduction puissante et lui inspira ses plus belles créations. On a dit ailleurs, on se bornera à rappeler ici que Phidias sculpta huit ou neuf fois l'image à Athéné, et qu'il accumula sur le front et sur la tête de la Pallas du Parthénon tous les signes de la lumière, de la pensée, de la réflexion profonde et concentrée ; mais il est un autre fait, moins connu peut-être, quoique remarqué déjà avant M. Gebhart, qui l'a habilement mis à profit, et qui démontre avec quel infaillible instinct le grand artiste sacrifiait les données mythologiques propres à enflammer les sens aux fortes et austères conceptions rationnelles. Pour ceux qui ne possèdent des mythes anciens qu'une connaissance banale et superficielle, il n'y a qu'une Venus, dont le nom éveille uniquement des idées de voluptés sensuelles. Les Grecs, il est vrai, adoraient celle-là ; mais ils en honoraient une autre qu'il faut leur savoir gré d'avoir distinguée de la première. Cette distinction se retrouve dans un des plus exquis passages du *Banquet* de Platon, que nous transcrivons à l'intention de ceux qui ne l'auraient pas lu. « Il est constant, dit Pausanias, l'un des convives d'Agathon, que Vénus ne va point sans l'Amour. S'il n'y avait qu'une Vénus, il n'y aurait qu'un Amour ; mais puisqu'il y a deux. Vénus, il faut nécessairement qu'il y ait aussi deux Amours. Qui doute qu'il y ait deux Vénus ? L'une ancienne, fille du Ciel, et qui n'a point de mère : nous la nommons *Vénus Uranie* ; — l'autre plus moderne, fille de Jupiter et de Dioné : nous l'appelons *Vénus Populaire*. Il s'ensuit que des deux Amours qui sont les ministres de ces deux Vénus, il faut nommer l'un céleste, et l'autre populaire… Tout amour en général n'est ni bon ni louable, mais seulement celui qui nous fait aimer honnêtement. L'Amour de la Vénus populaire est populaire aussi, et n'inspire que des actions basses : c'est l'amour qui règne parmi les gens du commun. Ils aiment sans choix et n'aspirent qu'à la jouissance. » Au contraire, toujours d'après Platon, l'Amour qui suit Vénus Uranie participe davantage de l'intelligence, et c'est l'intelligence qui l'attire et le séduit. Il y avait donc, on le voit, chez les Grecs une Vénus intellectuelle, ayant avec Athéné plus d'un trait de ressemblance. Or n'est-il pas très remarquable que cette Aphrodite supérieure, dont la fonction divine était d'allumer toutes les généreuses ardeurs de l'esprit, soit la seule dont Phidias ait voulu ou daigné modeler l'image ? Il l'avait sculptée pour la ville d'Élis, ou elle avait un temple. Son pied s'appuyait sur une tortue, animal céleste chez les Indiens, et symbole chez les Grecs, selon Plutarque, du silence et de la vie sédentaire que la religion prescrivait aux femmes. Le bouc, emblème d'une signification fort différente, accompagnait la Vénus populaire, que d'autres artistes se chargèrent de représenter.

Il serait trop long de montrer qu'au même temps Ictinus, Polyclète, Sophocle et leurs plus célèbres contemporains s'appliquaient à donnera leurs œuvres ces fortes qualités qui charmaient le cœur sans le troubler ni le corrompre, parce qu'avant de l'atteindre elles éclairaient et satisfaisaient la raison. Ce que l'on sait moins, c'est que les grands penseurs de cette époque s'efforçaient de conserver à la musique elle-même le caractère mâle, sévère, nous dirons volontiers le caractère moral et intellectuel que le génie dorien avait de bonne heure imprimé à cet art. Rien de ce qui pouvait affaiblir les âmes ou les discipliner ne paraissait indifférent à des hommes tels qu'Aristophane, Platon ou Aristote. Ils croyaient, en s'occupant de l'influence de la musique sur les mœurs, traiter une question des plus graves, et ils ne se trompaient pas. D'ailleurs, quelque sensibles que nous soyons aux beautés musicales, les Grecs les ressentaient plus vivement encore. Finement doués comme ils l'étaient, il n'est pas surprenant qu'on redoutât pour eux les effets irrésistibles d'un art dont la puissance est telle que quelques phrases d'un air national suffisent chez les modernes pour attiser le feu des révolutions. Aristophane pensait que la grave musique des aïeux avait contribué à former une jeunesse chaste et vaillante, et préparé les guerriers de Marathon. « Si quelque enfant à l'école, dit-il dans *les Nuées*, s'avisait de faire quelque bouffonnerie ou de chanter avec les inflexions molles et recherchées introduites par Phrynis, il était frappé et châtié comme un ennemi des muses. » Platon déclare que le mode dorien est la seule et véritable harmonie grecque, née sur le sol grec. Aristote, en traitant dans sa *Politique* de l'action diverse exercée sur l'âme par les différentes espèces de musique, dit qu'il appartient au seul mode dorien de procurer à l'âme humaine un calme parfait. D'après Héraclide de Pont, l'harmonie dorienne a un aspect viril et magnifique ; elle n'est ni relâchée ni joyeuse ;

mais austère et puissante, sans formes variées et raffinées. Il y a donc lieu de conjecturer, sans trop de témérité, que la musique regrettée et recommandée au temps de Périclès s'adressait non à la sensibilité, mais au courage et plutôt encore à l'intelligence. Par là, ainsi que l'a bien compris Ottfried Müller [2], elle offrait les mêmes caractères que tous les arts d'origine et d'inspiration dorienne. De même que l'Athéné de Phidias et que l'architecture du Parthénon, cette musique était un langage qui parlait surtout à la raison. Il fut un moment, moment bien court sans doute, mais aussi admirable que promptement écoulé, où la puissance de la raison était si clairement connue et si justement appréciée que la politique grecque sembla ne demander qu'à elle l'art de gouverner les hommes. Le règne de Périclès, si l'on peut appeler de ce nom une domination qui dura un tiers de siècle sans aucun titre officiel, le règne de Périclès serait exactement défini « le gouvernement de l'intelligence athénienne par elle-même, » car Périclès en fut la plus pure et la plus complète personnification. Athènes supporta longtemps Périclès parce qu'elle se reconnaissait et s'admirait elle-même en lui. Ce n'est pas qu'il se soit jamais abaissé à flatter les passions de ses concitoyens, ou que, pour leur plaire, il ait imité leurs défauts : loin de là, il ne leur offrit dans ses talents et dans sa vie qu'une image agrandie de ce qu'il y avait de meilleur dans leur nature. Il fortifia et enrichit son esprit en liant amitié avec Anaxagore et en écoutant les leçons de ce philosophe, qui enseigna le premier que l'esprit est la cause du mouvement et de l'ordre du monde. Les Athéniens idolâtraient l'éloquence : il voulut être orateur, et il le fut ; mais son éloquence demeura simple, virile, sans artifices de rhéteur, exempte de subtilité sophistique, à peine émue, presque purement rationnelle. Et cependant avec cette parole nue, fière et d'une hauteur quelque peu aristocratique, il dirigeait à son gré les mouvements d'une démocratie capricieuse et turbulente, parce qu'il la savait intelligente et la prenait pour ainsi dire par son grand côté. Les Athéniens avaient le sentiment de la beauté : il couvrit leur ville de monuments magnifiques dont le seul aspect était aux âmes comme une sorte d'éducation. « Chaque jour, dit Plutarque, il remplissait Athènes de fêtes pompeuses, de banquets, de solennités, et formait les citoyens à des plaisirs qui n'étaient pas sans élégance. » Il fit décréter par le peuple lui-même qu'à la fête des Panathénées il y aurait un prix de musique, et ce prix fut dès lors décerné dans l'Odéon, dont lui-même il avait tracé le plan. Il élevait, il éclairait ce peuple qu'il lui eût été facile de corrompre et que l'on corrompit après lui. Aussi le plus grave des historiens, Thucydide, a-t-il pu dire : « Puissant par la dignité de son caractère et par son intelligence, à l'abri de tout soupçon de vénalité, Périclès restait libre en dirigeant la foule ; il n'était pas mené par elle, mais la menait véritablement. » Périclès fut donc avant tout une grande et forte intelligence : là est le trait saillant de son caractère et le secret de l'ascendant qu'il exerça ; là aussi se trouve l'explication de ses faiblesses, car il était homme, et il en eut. On peut, on doit regretter qu'un tel personnage, qui fut à un si haut point maître de son âme et de celles de ses contemporains, ait rendu les armes à une hétaïre. Périclès l'olympien aima éperdument Aspasie, il n'y a pas à le nier. Toutefois l'historien qui veut juger équitablement cette liaison et la comprendre, sinon l'excuser, ne saurait oublier que cette femme célèbre, que d'ailleurs Périclès épousa et à laquelle il resta fidèle, l'avait charmé par son esprit et son. intelligence singulière des choses politiques, et que, douée de facultés éminentes, elle a mérité que des philosophes comme Socrate et Platon aient parlé d'elle en termes honorables. Ainsi dans Périclès tout est intelligence, tout vient de l'intelligence et y tend, même l'amour. C'est là une admirable figure, calme à la fois et très vivante, grave et sympathique, originale sans bizarrerie et seulement à force de raison, imposante sans orgueil, digne d'intéresser les politiques et les philosophes. M. Gebhart a eu raison d'y chercher et d'y voir la plus haute expression du génie grec au plus beau moment de son histoire. Les pages où il en a parlé sont remarquables et de la même veine que les fermes jugements portés par l'un de ses prédécesseurs, M. Jules Girard, dans son *Essai sur Thucydide*.

C'est une heureuse nouveauté psychologique, à notre sens, que cette méthode qui consiste à introduire, comme élément essentiel dans l'étude d'un peuple, l'analyse du caractère et des facultés de ses hommes illustres. En appliquant ce procédé à l'histoire morale et intellectuelle des Grecs du Ve siècle, on serait amené à placer le portrait d'Alcibiade immédiatement après celui de Périclès. Une monographie d'Alcibiade, composée avec soin d'après les textes authentiques, serait une œuvre d'un sérieux intérêt. Celui qui l'écrirait aurait à résoudre plusieurs questions complexes et délicates. Si l'on compte les défauts, les vices, les crimes d'Alcibiade, cet homme fut pour son pays une honte et un fléau. D'une insolence sans pareille, il souffletait ceux qui avaient le malheur de lui déplaire ; voluptueux jusqu'au cynisme, il affichait sa vie de débauches et en tirait vanité ; corrupteur sans vergogne, il jetait au peuple l'argent à pleines mains ; blessé dans son orgueil, il se vengeait de sa patrie en la trahissant. Il a mérité qu'un de ses concitoyens dît de lui : « La Grèce n'aurait pu supporter deux Alcibiades. ». Enfin c'est dans les bras d'une courtisane, chez les barbares et par eux assassiné, qu'il a terminé son étrange carrière. Eh bien ! ce même personnage fut à diverses reprises l'enfant gâté des Athéniens. « Le peuple le désire, tout en le haïssant, et veut l'avoir, » s'écriait Aristophane dans sa comédie des *Grenouilles*. On applaudissait à ses folies, on supportait patiemment toutes ses fautes, on les déguisait sous les noms favorables de traits de jeunesse et d'écarts d'un bon naturel. Ce même personnage fut honoré de la vive affection de Socrate, auquel, il est vrai, il échappait toujours, mais qui s'obstina longtemps à ne point désespérer de lui. Cet homme a obtenu dans l'histoire une place qu'il gardera. D'où vient cela ? Comment résoudre ce problème ? En attendant une explication définitive de sa renommée et de son influence, ne pourrait-on hasarder celle-ci ? Alcibiade eut le don, pernicieux, mais éternellement séduisant, hélas ! de relever ses vices par les audaces et les saillies d'un esprit éblouissant. Des témoignages contemporains attestent qu'il fut éloquent moins par la facilité de sa parole, lente parfois et hésitante, que par la solidité des arguments qu'il invoquait. Dans la guerre, telle qu'on la faisait de son temps, il déploya souvent une intelligence féconde en ressources. Ajoutons qu'à certains moments il se montra capable de comprendre et de goûter le génie de Socrate, de s'incliner devant tant de sagesse, et de s'éprendre de tant de vertu, au point que, si Platon n'a pas trop exagéré, nul, si ce n'est Platon lui-même, n'éprouva pour Socrate un aussi vif enthousiasme. Ce que les Athéniens avaient admiré dans Périclès, c'était le prestige imposant de la raison se dominant elle-même et dominant la sensibilité. Ce qu'ils aimèrent surtout dans Alcibiade, mais sans admiration ni respect, ce fut aussi, croyons-nous, l'intelligence, brillante encore, quoique obscurcie par les fumées de la passion.

L'amour de l'intelligence et de la supériorité qu'elle donne à qui la cultive était donc l'instinct le plus puissant, le plus impérieux de la nation grecque. Au moment où cet instinct, qui s'était de jour en jour développé, devenait une faculté pleinement consciente d'elle-même et assez vigoureuse pour produire ses plus belles œuvres, il faillit tout à coup se dépraver et se perdre. La sophistique, qui voulait l'exploiter à bref délai, essaya de l'attaquer à sa racine, comme ces sauvages, qui coupent l'ambre dont ils désirent manger le fruit. La lumière n'est pas entièrement faite sur sophistique. Cette fausse philosophie attend encore son historien. Elle l'aurait déjà depuis quelques années, si la mort n'avait frappé Emile Saisset, dont la critique perçante et sûre eût réduit à sa juste mesure cette école de nihilistes effrontés. On voit du moins par quelques lignes qu'il a laissées, et que semblent confirmer les textes, que la sophistique ne ressemblait en rien à ce que nous connaissons aujourd'hui. On s'est lourdement trompé quand on a pensé que la sophistique venait de renaître parmi nous. Non : il n'est pas un seul penseur du temps présent dont la parfaite bonne foi puisse être mise en doute, tandis qu'il est plus que difficile de croire à la sincérité d'hommes qui avaient une raison à donner pour et contre tout. C'est faire trop d'honneur à ceux-ci que de les comparer, par exemple, au grand sceptique moderne, à Kant, qui demeura dogmatique dans l'ordre subjectif, qui d'ailleurs affirmait la liberté, la loi morale et Dieu. Que les sophistes aient été de fort habiles gens, cela est clair ; qu'ils aient même rendu à la science quelques services en aiguisant la dialectique et en assouplissant la langue, on l'accorde ; mais qui oserait leur savoir gré d'avoir poussé l'esprit humain non pas au doute, répétons-le, mais à la négation universelle ? Qu'on se figure ce qui serait advenu de la science, s'ils avaient réussi.

Ils échouèrent. Socrate leur opposa son ironie et son infaillible bon sens, Platon ses profondes analyses et cette verve comique qui égalait celle d'Aristophane, et que la malice des *Provinciales* n'a point surpassée. Aristote leur posa ce dilemme sans issue : si tout est vrai, il est vrai que ce que vous dites est faux ; si tout est faux, il est faux que ce que vous dites soit vrai. Au lieu de se mettre docilement à la suite d'une société qui semblait se lasser déjà des travaux de la pensée et des nobles jouissances de l'esprit, ces trois hommes de génie lui résistèrent. Ils rendirent à l'intelligence son rôle et ses droits. Les deux premiers enseignèrent que l'ignorance est la mère de la corruption et de l'esclavage, et que la science (on dirait aujourd'hui l'instruction) est la source de toute vertu et de toute liberté. Ils disaient que la politique a pour unique fortement la justice et que la justice est connue par la raison. Le plaisir le plus vrai, et, par conséquent le plus vrai bonheur, était, selon Platon, celui que l'âme puise dans l'exercice le plus élevé de l'intelligence. Sans une intelligence parfaite, consciente d'elle-même, belle et heureuse par sa pensée, l'ordre de l'univers paraissait également inexplicable à l'auteur des *Dialogues* et à celui de la *Métaphysique*. La méditation philosophique reprenait à son compte et portait à leur suprême degré de force et de pur éclat les conceptions intellectuelles de la religion et des arts ; mais depuis longtemps déjà ces illustres penseurs, quoiqu'ils fussent restés fidèles à la muse de leur patrie, quoiqu'ils n'eussent négligé aucune de ces questions politiques, sociales, religieuses, qui touchent au vif des intérêts toujours présents, ces puissants meneurs d'esprits n'étaient plus suivis que par quelques disciples. L'opinion et l'influence leur échappaient, ce qui prouve, pour le dire en passant, que l'influence est parfois refusée à qui la mérite. La nation grecque s'amollissait : il lui fallait des jouissances faciles, une vie facile, une philosophie facile. L'époque suivante lui donna ce qui lui convenait. Notre pays a eu un temps pareil. En parler, c'est un peu nous entretenir de notre récent passé, qui peut-être dure encore ou tend à redevenir le présent.

Section II

Cette analogie, que le lecteur attentif ne peut s'empêcher d'apercevoir, augmente l'attrait des recherches de M. Emile Gebhart sur le génie grec au temps d'Alexandre. Toutefois on ne peut passer outre sans lui adresser une sérieuse critique. Le nom de Praxitèle, inscrit en tête de son livre, en résume assez bien le dernier tiers ; mais c'est un titre trop étroit pour exprimer la pensée de l'ouvrage tout entier. Le second titre, destiné à expliquer celui-là, ne sert qu'à en démontrer l'inexactitude. Le sujet primitivement choisi s'est étendu sous la plume de l'auteur : on ne s'en plaindra pas ; cependant il est regrettable que ni l'importance de l'ouvrage, ni l'intention philosophique qui y domine ne soient suffisamment annoncées.

En effet, c'est au point de vue psychologique plutôt qu'à celui de l'archéologie et de l'art qu'est traitée la seconde partie, comme la première. Et tout en approuvant cette façon de procéder qui renouvelle et éclaircit à plus d'un égard l'histoire grecque, nous aurons avoir si une part assez grande a été accordée à la philosophie dans les derniers chapitres de l'étude distinguée que nous examinons. Au siècle d'Alexandre, ce fut l'instinct ou, si l'on veut, l'inspiration qui, en s'affaiblissant, donna le signal de la décadence, de même que l'inspiration, en s'élevant, avait donné aux siècles qui précédèrent le signal du progrès. Si les philosophes de l'école socratique, j'entends les plus puissants, eurent raison d'entrer, pour le diriger et l'accroître, dans le mouvement spiritualiste qu'avaient imprimé aux idées les grands artistes et les grands poètes venus avant eux, tel philosophe moins ancien, Épicure par exemple, eut peut-être tort non-seulement de céder à des entraînements contraires, mais encore d'en augmenter la force et de les consacrer théoriquement. Dans tous les cas, soit qu'on le blâme ou qu'on l'approuve d'avoir dit, comme Helvétius plus tard, le mot de tout le monde, on ne saurait déterminer au juste les rapports qui le rattachèrent à ses contemporains qu'en exposant d'abord quels étaient les caractères généraux des œuvres d'art ou de poésie que sa doctrine refléta, et en second lieu quels furent les traits principaux de cette doctrine elle-même.

Mais la décadence des mœurs avait précédé et produit celle des arts et de la poésie. Par quel concours, par quel enchaînement de causes religieuses et politiques, le peuple athénien perdit en un seul siècle la plupart des qualités énergiques auxquelles il avait dû sa grandeur, il faudrait un livre pour le dire. Quelques traits suffiront à montrer combien, cent ans après Périclès, cette noble race était tombée au-dessous d'elle-même. On ose à peine croire ce que raconte Plutarque des honneurs que les Athéniens décernèrent à Démétrius, fils d'Antigone, et avec quelle docilité et quel servile empressement ils se firent les serviteurs et payèrent les frais de ses débauches. Ils l'honorèrent, lui et son père, du titre de dieu et créèrent un prêtre chargé du culte de ces deux divinités nouvelles.

Ils consacrèrent, en y élevant un autel, le lieu où Démétrius était descendu de son char. Ils firent broder son portrait parmi ceux des autres dieux sur le voile de Pallas. Ils lui assignèrent pour résidence cette partie du Parthénon qu'on nommait l'*opisthodome*, Et là, dans le temple même d'Athéné-la-Vierge, Démétrius vivait avec ses courtisanes Chrysis, Lamia, Démo et Anticyra. Un jour, il lui prit fantaisie de lever sur les Athéniens l'énorme contribution de deux cent cinquante talents (environ quinze cent mille francs) ; les Athéniens la payèrent sur-le-champ, et Démétrius envoya cet argent à Lamia et à ses autres maîtresses. Une autre fois, cette même Lamia, voulant offrir un festin à son amant, en demanda le prix aux gens riches d'Athènes, et elle l'obtint. Indigné, le poète Philippide caractérisait Démétrius dans une de ses pièces en l'appelant « celui qui a fait de l'Acropole un mauvais lieu. » De tels scandales peignent cette incroyable époque. Décidément Aphrodite détrônait Athéné, et l'influence de la volupté remplaçait celle de l'austère et chaste intelligence.

Ce changement, dès son origine, avait été secondé par les artistes, dont la nature, essentiellement spontanée, subit plus volontiers qu'elle ne les combat les excitations du goût public. Phidias avait été surtout le sculpteur de Minerve ; Praxitèle fut avant tout le sculpteur de Vénus et de l'Amour. Si la critique parvenait à démontrer que les statues de ces deux divinités qui lui ont été attribuées n'étaient pas de lui, son originalité disparaîtrait et sa renommée serait inexplicable. Il eut le bonheur, et peut-être aussi le tort, de présenter aux yeux de ses contemporains les images, il est vrai idéalisées, de la passion qui avait envahi toutes les âmes, et qui, à cause de cela même, n'avait pas besoin d'être attisée. Nous ne saurions blâmer M. Gebhart d'avoir cherché à établir que Praxitèle fut l'auteur des Niobides, et d'avoir déployé à cette occasion beaucoup de science et de critique. Sa discussion sur ce point contesté est solide, habile et mesurée, et ce problème archéologique se rapportait bien, après tout, à son sujet. Néanmoins ce qui importe aux philosophes, justement préoccupés de déterminer les antécédents d'un phénomène intellectuel tel que la doctrine d'Épicure, c'est la place considérable qu'avait prise dans les œuvres de sculpture la représentation de la volupté divinisée. A ce point de vue, Praxitèle, son génie, la source où il puisa ses plus remarquables inspirations, doivent provoquer de sérieuses réflexions.

Si l'on admet les calculs de M. Gebhart, qui paraissent fort plausibles, Praxitèle dut naître vers l'an 384 avant Jésus-Christ. Ainsi il avait environ trente-cinq ans entre 345 et 350, époque des plus brillantes années de Phryné, et il était dans toute sa gloire dix ans avant l'avènement d'Alexandre, au moment où venaient au jour Ménandre et Epicure. A cette époque, les hétaïres exerçaient un empire universel et presque incontesté. Leurs succès et leur fortune égalaient leur audace. L'heure approchait où, après la ruine de Thèbes par Alexandre, Phryné devait offrir de relever à ses frais les murs de cette ville, à la condition qu'on y graverait cette inscription : *Alexandre les a renversés, mais Phryné les a reconstruits.* Un souffle puissant de sensualité enivrait et emportait la Grèce entière. Sans doute, ce déchaînement d'instincts et d'appétits avait commencé avant Praxitèle ; mais s'efforça-t-il de l'atténuer, ou bien contribua-t-il à le rendre plus aveugle et plus violent encore ? Quoique incomplets, les renseignements dont l'histoire dispose suffisent à nous édifier sur ce point.

Les auteurs anciens ne disent pas de Praxitèle qu'il ait, à l'exemple de Phidias, cherché son idéal dans sa pensée plutôt que dans la réalité vivante. D'après quels modèles furent esquissés le Jupiter Olympien et Athéné du Parthénon, on l'ignore, tandis qu'on sait de reste à l'image de qui fut conçue et modelée la célèbre Vénus de Guide. Toutefois il est avéré que Praxitèle ne visait à la ressemblance que pour mieux atteindre la beauté. En donnant à ses personnages tantôt une expression touchante jusqu'au pathétique, tantôt le charme pénétrant de la passion qui se laisse deviner sans éclater au dehors, en contenant les palpitations de la volupté dans des formes pures et presque sereines, il conservait autant que possible à son art le caractère intellectuel qu'il avait antérieurement revêtu. A cela près, les faiblesses : de son temps ne le trouvèrent ni dur ni même sévère. Ce qu'on aimait autour de lui, il l'aimait et s'appliquait à le rendre encore plus aimable. Outre ses autres ouvrages, dont il est inutile de parler ici, il sculpta cinq statues de Vénus, deux de l'Amour, une de Bacchus, et deux de Phryné, dont une en bronze, fut dédiée à Delphes par la courtisane elle-même. et provoqua ce cri du cynique Cratès : « Voici un monument de l'intempérance des Grecs. » C'étaient assurément des merveilles de grâce et de distinction, enveloppées du voile, de la plus exquise beauté ; mais la beauté y parlait, un certain langage alors parfaitement compris, même à demi-mot. Une épigramme disait : « Qui a donné une âme au marbre ?... Qui a mis dans la pierre un si brûlant désir de volupté ? C'est le travail des mains de Praxitèle. » Voilà, pour Vénus. Quant à l'Amour de Parion, Callistrate vante « ses yeux inondés de séduction, de pudeur et de grâce amoureuse. » On objectera peut-être que les monuments antiques aujourd'hui subsistants qui rappellent ceux-là, ou qui en sont d'exactes copies, n'ont rien qui trouble les sens des modernes, que les faiseurs d'épigrammes étaient des rhéteurs portés à l'emphase, qu'enfin c'est tant pis pour les âmes grossières si la beauté excite en elles autre chose qu'une respectueuse admiration. Ceux qui raisonnent ainsi oublient que nous sommes les enfants et les élèves du christianisme, que nous naissons sous un ciel pâle et souvent froid, que ces marbres immobiles, rencontrés par hasard et rarement, n'ont pour nous qu'un intérêt de curiosité. Autres étaient les compatriotes de Praxitèle, et il les connaissait bien. Il savait jusqu'où iraient leurs transports à la vue de cette Aphrodite au sourire enivrant dont Lucien et Athénée ont décrit l'incroyable puissance de séduction. Ces récits sont tels qu'on ne peut les reproduire. Ils prouvent que sur le front et dans les yeux de la déesse il y avait, malgré tout, un peu plus que le tranquille et noble, rayonnement de la beauté. Les dieux du siècle précédent ne subirent jamais d'outrages) ceux de Praxitèle furent plusieurs fois profanés. Ce qu'il fallait présenter aux regards de ces générations amollies, c'était non pas l'image idéalisée de Phryné, mais la Vénus Uranie que Platon avait célébrée. S'il convient d'être de son temps, on ne peut s'empêcher de croire que Praxitèle fut un peu trop du sien.

M. Gebhart ne le lui a pas reproché, Nous comprenons en effet qu'on le traite avec indulgence quand on compare ce qu'il y a encore dans son style de discret et de contenu avec la verve qui s'épanouit librement dans les fragments qui nous ont été conservés des poètes de la moyenne comédie. Ceux-ci n'étaient plus, comme Aristophane et ses successeurs immédiats, de hardis satiriques abordant les brûlantes questions de la politique ou de la philosophie. C'étaient habituellement des peintres de la vie commune, se plaisant à mettre en scène les vices du jour, quelquefois pour les blâmer, plus souvent pour égayer les spectateurs sans aucun souci de servir la morale. Les personnages favoris de ces amuseurs de profession étaient les gens corrompus de tous les étages, depuis la riche courtisane jusqu'au parasite et même jusqu'au cuisinier. Ils étalaient à l'envi devant le public les formes multiples de cette sensualité effrénée qui prépara la doctrine épicurienne, mais que celle-ci était fort loin de prêcher ; Qu'on juge des caractères du temps et de ceux que recherchait cette comédie d'après les passages suivants d'Alexis : « le sage doit réunir toutes les voluptés ; il y en a trois qui rendent la vie véritablement parfaite et heureuse : boire, manger et faire l'amour. » — « Que viens-tu me radoter, bavardant au haut en bas, du Lycée à l'Académie, à l'Odéon ? Enfantillages de sophistes ! Rien de bon dans tout cela. Buvons, buvons à outrance, et assis, mon cher Sicon, et vive la joyeuse bombance, tant qu'il nous est permis d'y fournir ! Allons, vive le tapage, Manès ! Rien de plus aimable que le ventre ! Le ventre, c'est ton père, le ventre, c'est ta mère ! » — « Vertus, ambassades, commandements, vanités que tout cela, retentissement vide du pays des songes ! La mort te glacera au temps marqué, et il ne te restera que ce que tu auras bu et mangé. » Dans une pièce d'Antiphanes, le buveur professe les mêmes maximes. « Dis-moi, qu'est-ce que vivre ? — C'est boire, par ma foi ! » Le Zacynthien du même poète, espèce de don Juan païen, ne cherche dans l'amour que la jouissance présente. « N'ai-je pas raison, dit-il, d'aimer toutes les femmes ?... » Comme leurs pareils d'aujourd'hui, ces hommes de plaisir sont dupés, ruinés, dévorés par les créatures auxquelles ils se livrent. « Nannion, s'écrient-ils, Nannion diffère-t-elle de Scylla, elle qui après avoir étouffé deux amans en cherche un troisième ? Et Phryné, n'a-t-elle pas laissé Charybde bien loin derrière soi, elle qui, saisissant un capitaine de navire, l'a dévoré avec son fret ? » Mais on ne se lassait encore ni de cette vie désordonnée ni du théâtre qui en était la représentation.

L'amour ne tient pas moins de place dans la comédie nouvelle. Tous les dieux sont renversés ; seul, celui-là reste debout. Ménandre, auquel nous arrivons, et qui va nous mener à Épicure, son contemporain et son ami, est, parmi les comiques, le vrai poète de l'amour. Cette passion était l'âme de toutes ses pièces. Il fut, selon Plutarque, le grand disciple et le premier initié de ce dieu. Il en subissait l'empire ; il le proclamait plus grand et plus fort que Jupiter. Il l'analysait en philosophe, instruit peut-être à l'école de l'auteur si profond et si pénétrant de la *Morale à Nicomaque*. Sans renoncer à en décrire les ardeurs sensuelles, il en exprima les nuances, les délicatesses, les élans, les chagrins, avec un art qui est son originalité propre. On n'a pas à le caractériser longuement ici : cette tâche est depuis plusieurs années accomplie par trois érudits français auxquels le lecteur peut recourir [3]. On se borne à recueillir dans les fragments de ses pièces quelques-unes des idées qui marquent le mieux quel était alors l'état des intelligences.

La sensibilité que la raison a cessé d'éclairer et que la liberté ne maîtrise plus atteint bientôt ce dernier degré de violence qu'on nomme la passion. La passion, livrée à elle-même, a quelque chose d'aveugle, de fatal, d'irrésistible. Elle frappe à l'aventure, et dans ses allures désordonnées elle semble n'être plus que le hasard lui-même. Les anciens poètes l'avaient confondue avec la fatalité. Le maître du monde et des hommes chez Ménandre, c'est l'amour, mais c'est aussi le hasard. « Mettez bas votre raison, dit-il ; l'intelligence humaine n'est rien autre que le hasard… C'est le hasard qui gouverne tout, soit qu'il renverse, soit qu'il conserve… Toutes nos pensées, toutes nos paroles ne sont que hasard ; nous mettons notre nom sur le titre, et voilà tout. C'est le hasard qui décide de tout : c'est lui qu'il faut appeler intelligence, prudence et seul Dieu, si vous ne vous contentez pas du son que rendent les mots vides. » Puisque le hasard est la puissance universelle et souveraine, les dieux n'ont rien à faire et sont inutiles. Çà et là on leur rendra, pour la forme, un hommage dérisoire, mais en les déchargeant des fonctions que le vulgaire leur impose. « Je ne crois pas, Smicrinès, que les dieux soient gens de loisir au point de mesurer à chaque homme, jour pour jour, le malheur et le bonheur. » Que craindre alors ou qu'espérer ? Rien. Il faut jouir des biens présents ; mais en même temps « l'homme heureux doit toujours s'attendre à quelque vicissitude et ne pas se confier au hasard, qui n'est conduit par rien de semblable à l'intelligence. » Toutefois l'Athénien délicat et raffiné, l'interprète le plus éloquent des joies de la vie voluptueuse, le poète qui conseillait de s'abandonner aux charmes du plaisir actuel, avait déjà trouvé, comme ses contemporains sans doute, l'amertume au fond de la coupe. L'existence lui semblait triste et mêlée de trop de souffrances ; le désenchantement le gagnait, et l'ennui le prenait à la gorge. Un simple animal, un âne broutant son pré lui paraissait plus heureux que l'homme. La crainte de la souffrance l'emportait en lui sur le goût de la volupté. Plein de cette mélancolie, nouvelle à cette époque, qu'engendrent infailliblement l'abandon des grands devoirs et l'abus des jouissances physiques, il proclamait que la vie la plus courte est aussi la meilleure, et que « celui qui est aimé des dieux meurt jeune. » — « Celui qui tarde tombe dans la misère, triste vieillard, las, dégoûté, ruiné ; il s'égare, il ne rencontre que des haines et des embûches ; un long âge ne mène pas à une douce mort. » Ce sont là les accents les plus profonds et les plus touchants qu'ait rendus la poésie de cette génération, fatiguée. Pour employer une expression très forte de M. de Tocqueville, qui s'applique parfaitement ici, le froid la gagnait. Trop énervée, elle ne comprenait ni ne sentait le prix de l'existence. La mort l'attirait ; son rêve suprême était de ne plus souffrir. Le seul sentiment encore vivace de son âme était la crainte, la crainte de la douleur. Sa mélancolie intéresse et émeut. Cependant la tristesse des modernes désillusionnés est plus fière et plus noble. Aux plaintes de Ménandre nous préférons, quant à nous, ce simple cri du plus sympathique de nos poètes :

Dieu parle, il faut qu'on lui réponde.

Le seul bien qui me reste au monde

Est d'avoir quelquefois pleuré.

Ni Ménandre ni ses contemporains ne connaissaient les purifiantes angoisses du repentir : ils regrettaient seulement que la vie fût trop courte pour le plaisir, trop longue pour la souffrance. Ce n'était pas la pensée d'un avenir, à la fois certain et inconnu qui nourrissait leur mélancolie.

Lorsqu'on a étudié de près cet affaissement des mœurs et du génie grecs, rien n'est plus aisé à comprendre que la philosophie qui en fut la conséquence. On regrette que M. Gebhart n'ait pas cru devoir insister plus longuement sur les rapports par lesquels l'épicurisme vint se rattacher à cette société finissante. Son talent souple et fin le rendait éminemment propre à suivre dans ses détours le chemin que suivit, alors la conscience humaine égarée. En tenant mieux sa promesse de faire surtout œuvre de psychologue, il aurait placé

Epicure dans son véritable cadre, ou, comme l'on dit aujourd'hui, dans son milieu, et il aurait ajouté d'utiles lumières à celles qu'ont jetées sur cet étrange moraliste de récents et judicieux historiens [4].

Épicure a été et est encore très diversement jugé. Après avoir comparé sa doctrine aux idées qui avaient cours et aux sentiments qui remplissaient les âmes quand il fonda son école, on arrive naturellement aux conclusions suivantes : il n'a pas directement accru la corruption générale, qui était à son comble ; il n'est ni si coupable que le font les uns, ni si méritant que le disent les autres. Entre le délire de la volupté et les luttes de la vertu, il a pris une position intermédiaire ; mais là, malgré quelques belles apparences qui trompent les juges inattentifs ou intéressés, malgré son éloignement systématique pour tous les excès, et quoique son sensualisme soit négatif, il a exercé une mortelle influence.

Fuir la douleur physique et morale à tout prix, même au prix du plaisir, telle est en deux mots la théorie morale d'Epicure. Le plaisir qui coûte la moindre peine ne vaut pas qu'on l'achète, et comme la plupart des plaisirs sont précédés, accompagnés ou suivis de quelque souffrance, le seul, le véritable bonheur ne saurait consister que dans l'absence de la douleur. En posant ce principe, en le développant, en le tournant et retournant de tous côtés, il est manifeste qu'Épicure allait à l'encontre de cette fureur de jouir qui était la folie universelle. En ce sens donc, sa philosophie n'était pas corruptrice. Il y a plus : il soutenait qu'on ne peut goûter quelque félicité qu'en vivant honnêtement. Et là-dessus ses partisans de s'extasier et de prétendre que non-seulement il n'a pas corrompu, mais encore qu'à a, autant qu'il était en lui, amélioré ceux qui ont suivi ses préceptes. La méprise disparaît aussitôt qu'on se rend compte du sens qu'il donnait à ces mots d'honnêteté et de vertu qu'il prodiguait avec faste. A ses yeux, la vertu était un simple calcul d'intérêt : ne nuisez pas de peur qu'on ne vous nuise ; respectez les lois, non parce qu'elles sont justes, mais parce que là est l'unique moyen d'avoir la paix, en empêchant les hommes de s'entre-dévorer. Ce qui atténue encore plus l'apparente grandeur de cette sagesse, ce qui la réduit à sa juste mesure, c'est qu'Épicure ajoutait à son principe fondamental ce commentaire singulier : au demeurant, s'il vous en coûte par trop de vous abstenir de la volupté ou des plaisirs, quels qu'ils soient, si l'effort que vous auriez à faire est trop douloureux ou trop violent, comme après tout il s'agit de souffrir le moins possible, eh bien ! renoncez à la lutte et contentez votre ambition ou votre chair. Cependant ce n'était là, à l'en croire, que l'extrême parti, et le plus sûr était de s'exercer à l'abstinence de tous les plaisirs autres que le bon état du corps et la tranquillité de l'âme ; mais là précisément étaient le danger et le poison de son égoïsme, le plus ingénieux et le plus profond qui fut jamais en même temps que le plus stérile. L'on vient de voir que la société grecque était lasse de tout, même de jouir, et que les esprits les plus élevés ne vivaient plus guère que par la crainte de la douleur. Un sentiment unique, la peur, avait presque chassé et remplacé les autres. Le système d'Epicure serait exactement nommé la philosophie de la peur. « Soyez frugal, dit-il, de peur d'être malade ; soyez courageux, de peur de trop souffrir au milieu des chagrins ; ne vous mariez pas, de peur d'être la victime d'une femme acariâtre ; n'ayez point d'enfants, de peur d'entendre leurs cris et d'assister au spectacle de leurs maladies ou à celui de leurs mauvaises mœurs. Ne croyez pas que l'âme est immortelle, de peur d'être tourmenté à la pensée d'une autre vie. Ne croyez pas que les dieux s'occupent de nous, de peur d'avoir à redouter leur colère. Ne vous mêlez pas des affaires publiques, de peur d'être rongé de soucis et écrasé par vos rivaux. Restez en repos, mangez du pain, buvez de l'eau claire : la volupté suprême est là. »

Il n'y a pas à s'échauffer contre un tel système, qui est et qui sera toujours le dernier mot de l'égoïsme matérialiste : c'est assez de l'exposer ; mais on aura beau le prendre par ses quelques bons côtés qui étaient autant d'inconséquences, on aura beau en taire ou en voiler les côtés honteux, notamment le remède qu'Épicure recommandait a ceux que tourmentait trop le mal d'amour, quand on aura réussi à prouver que cet ascète par volupté ne fut point un corrupteur de profession, il restera encore ceci : qu'Épicure éleva à la hauteur d'une philosophie et osa appeler du nom de sagesse les plus misérables timidités de son siècle. Au lieu de rassembler les restes d'énergie qui subsistaient encore et de les employer à relever les esprits et les caractères, il recueillit toutes les débilités intellectuelles et morales, et en composa un modèle qui n'était que l'idéal de la décrépitude. Il ne sut ni expliquer, ni transformer, ni combattre victorieusement le polythéisme. « Il ne fut point athée, » dit M. Gebhart ; il ne l'était pas dans la forme ; au fond et en réalité, il l'était trop. Un autre écrivain a regretté les déguisements de son athéisme, lequel, plus franc et plus déclaré, eût été, à ce qu'on prétend, une arme puissante contre les folies de la superstition. L'histoire, bien consultée, montrerait au contraire que, lorsque l'athéisme refoule la superstition d'un côté, elle reparaît aussitôt d'un autre, plus insensée et plus violente. Le sentiment religieux est indestructible ; mieux vaut l'épurer et le diriger par un théisme raisonnable, comme l'avaient tenté Socrate et Platon, que de s'épuiser vainement à l'anéantir. Épicure est donc bien difficile à défendre. On ne l'excuse pas en plaidant en sa faveur cette circonstance atténuante, qu'il fut un effet et non une cause, qu'il glissa en philosophe sur la pente où Praxitèle s'était laissé aller en artiste, et que son rôle lui était imposé fatalement par le malheur des temps. Les effets de ce genre ne tardent pas à devenir des causes agissantes, et quand ces causes sont des hommes, elles sont responsables de ce qu'elles font. Si l'on absout Épicure au nom de la fatalité, de quel droit, au nom de quel principe louera-t-on l'attitude militante des stoïciens et leurs mâles résistances ? Ceux-ci naquirent au milieu des mêmes conditions politiques, en présence des mêmes défaillances des arts, de la poésie et des mœurs. Comment eurent-ils une morale et un idéal si différents de l'idéal et de la morale d'Épicure ? Venus au même temps, enfants de la même race, comment ont-ils, sur tant de points essentiels, démenti leur race et leur temps ? N'y a-t-il pas là contre la théorie absolue des *milieux* une objection considérable ? C'est ce qu'il reste à examiner.

Les affinités qui existèrent entre la société, la poésie et les arts — et la doctrine morale d'Épicure — sont frappantes. On les avait remarquées avant M. Gebhart. Le mérite de ce jeune savant est d'en avoir fourni la preuve historique en réunissant et en groupant des faits qui aboutissent naturellement aux conclusions qu'il en a tirées. S'il n'a pas assez appuyé sur les théories particulières d'Épicure, et s'il nous a ainsi provoqué à en parler plus longuement que lui, si la fin de son travail est une esquisse plutôt qu'un tableau, les traits généraux en demeurent cependant vrais et curieux.

Sa démonstration toutefois appelait une contre-épreuve. Aux destinées heureuses et facilement poursuivies de l'épicurisme, il eût été utile d'opposer le sort très différent que subit la philosophie stoïcienne : les préférences de la société grecque au IVe siècle seraient devenues évidentes d'une autre façon dans ses répugnances. Pourquoi cette seconde partie de la démonstration a-t-elle été omise ? Nous l'ignorons. On aurait pu justifier cette omission en alléguant les difficultés réelles que présenterait une exposition régulière du stoïcisme. En effet, l'épicurisme est connu : outre de nombreux fragments de cette doctrine partout répandus dans les auteurs anciens, outre le poème de Lucrèce, qui en est la reproduction, Diogène de Laërce nous en a conservé la presque totalité dans trois lettres d'Épicure et dans une série de maximes appelées les *axiomes fondamentaux*. Au contraire, l'on n'a du stoïcisme que des bribes éparses. Tous les ouvrages des premiers stoïciens ont péri. Parmi les morceaux qui ont échappé au temps, il est souvent malaisé de discerner la part respective de Zenon, de Cléanthe et de Chrysippe. Aucun des plus récents historiens du portique, aucun des plus éminents n'oserait se flatter de pouvoir dire au juste ce qui revient en propre à chacun de ces ancêtres de Sénèque et de Marc-Aurèle, et, à ce point de vue du moins, la question du stoïcisme est encore ouverte ; D'un autre côté, la société grecque, à l'époque où le stoïcisme, enfin constitué par Chrysippe, aurait pu la pénétrer, se dérobe à toute investigation précise. On n'a pas de Sénèque grec, ayant écrit au milieu du IIIe siècle ou auparavant, de ces *lettres* à un ami où se seraient révélées les intimes pensées d'une âme stoïcienne tantôt travaillant à s'affirmer elle-même, tantôt s'efforçant, selon l'heureuse expression d'un ingénieux critique, de remplir le rôle nouveau de directeur de conscience. Ce n'est donc qu'avec des précautions et des réserves infinies que l'on serait admis à indiquer par à peu près l'influence qui avait le plus contribué à produire ou à seconder le stoïcisme et celle qu'il exerça.

Toutefois, en gardant une scrupuleuse mesure, en n'allant pas au-delà de ce qu'apprennent les faits connus, il ne serait pas impossible de hasarder quelques affirmations et même quelques conjectures, sauf à les donner comme telles. L'idée prédominante, originale du stoïcisme, c'est celle de l'action. Les socratiques avaient principalement expliqué le monde par l'intelligence ; les stoïciens rapportent tout à l'action. Ils l'appellent, il est vrai, raison suprême ; mais cette raison est essentiellement à leurs yeux une force active. Ils disaient que le but de la vie c'est l'action conforme à la nature, c'est-à-dire à la raison. Ils tenaient que la passion, relâchement de la force active, est pernicieuse, mauvaise, et qu'il la faut combattre sans pitié ni relâche. Ils enseignaient cela a une nation dont les plus puissants génies avaient fait à la passion sa part et n'avaient voulu que l'épurer et la gouverner. A cette nation qui aspirait à goûter les jouissances les plus diverses et qui n'eut rien d'égal à son intelligence, si ce n'est son pouvoir de sentir et son ardeur à poursuivre la volupté, ils répétaient que la volupté est mortelle à l'homme. On a pu trouver à ces adversaires de la passion des antécédents philosophiques ; mais en dehors du cynisme, qu'ils modifièrent d'abord considérablement, à ne regarder que parmi les artistes et dans la société contemporaine, quel courant d'idées avait donc favorisé le développement des leurs ? On n'a pas su le découvrir encore. Il n'y a donc pas moyen de les considérer comme des produits nécessaires de leur temps, de leur race ou de leur climat, ou, en un mot, de leur milieu. Le stoïcisme reste un phénomène inexplicable et un effet sans cause pour quiconque refuse de reconnaître que l'homme porte en lui-même la faculté de choisir son rôle, sa conduite, ses pensées, ses erreurs, en dépit des influences physiques ou morales qui l'environnent et le pressent. Dira-t-on que cette fière et libre doctrine fut le résultat d'une réaction ? Mais alors pourquoi cette réaction n'étendit-elle ses effets que sur un groupe d'âmes d'élite, et pourquoi le succès de leur entreprise fut-il de leur temps si incomplet ? Un mouvement de réaction assez fatal et assez fort pour enfanter de tels penseurs n'eût-il pas jeté dans leur école autant de disciples qu'en peut attirer une grande philosophie ? Or il n'en fut pas ainsi. Non-seulement les fondateurs du stoïcisme heurtaient de front la société grecque par l'âpreté de leurs principes, mais de plus ils semblaient s'attacher à lui déplaire par un dédain absolu de ce qui peut, dans la forme, attirer et captiver les hommes. D'après certains écrivains, Zenon s'entourait de gens oisifs, pauvres et mal vêtus, quoique d'autres rapportent qu'il n'aimait pas la foule, et qu'afin de l'écarter il exigeait parfois une rétribution de ses auditeurs. Dans une ville éprise des charmes du beau langage, il exposait ses théories en termes froids et souvent concis jusqu'à l'obscurité. Il disait à ce peuple d'artistes qu'on ne devait élever aux dieux ni temples ni statues. Aussi les progrès de sa doctrine furent-ils lents et bornés, tandis que, selon Diogène de Laërce, des villes entières n'auraient pu contenir les amis d'Épicure et cette foule de disciples que retenait auprès de lui le charme de sa philosophie. On ne voit pas, du moins jusqu'ici, que les spéculations des stoïciens sur la beauté aient exercé une action quelconque sur les arts, ni au commencement, ni plus tard, à moins qu'on ne se risque, sans preuves suffisantes, à regarder comme un des résultats de leur morale le goût du colossal et la recherche de l'effet à outrance qui caractérisa la sculpture après Alexandre. Une seule de leurs idées paraît avoir fait un chemin assez rapide et conquis une assez prompte popularité : nous voulons parler de ce cosmopolitisme nouveau et généreux qui venait du cynisme, et qui consistait à proclamer que tous les hommes, pauvres ou riches, libres ou esclaves, Grecs ou barbares, étant avec les dieux comme les membres d'un même corps, animé d'une même âme, ne doivent former qu'une seule république régie par l'unique loi de la justice et de l'amitié. Il est vrai qu'en ce point ils eurent pour auxiliaire le conquérant qui mêlait l'Orient à l'Occident, étendait de tous côtés les frontières du monde grec, et mariait hardiment ses Macédoniens à des filles de la Perse. Il semble que la Grèce ait été trop petite pour le stoïcisme, et que cette puissante philosophie n'ait été vraiment à l'aise que dans le monde agrandi par le génie d'Alexandre et par l'ambition du peuple romain.

Par ce qui précède, on jugera, nous l'espérons, du haut intérêt que présenterait une histoire comparée de la philosophie et des arts dans la Grèce antique. Une telle histoire, M. Gebhart n'a pas eu la prétention de l'écrire dans toute son étendue. Il n'a voulu en donner que quelques chapitres, et il y a déployé de rares qualités. Ce genre nouveau, dont l'auteur des pages admirables sur l'*Art français au dix-septième siècle* a fourni le vrai modèle, ce genre nouveau est plein de difficultés, surtout en ce qui touche la Grèce. Ceux-là seuls doivent l'aborder qui ont une ample provision de faits rigoureusement prouvés et qui préfèrent des conclusions peu nombreuses, mais sûres, à de vagues et inutiles généralités. Là, comme partout dans l'histoire, la critique virile et féconde est celle qui se résigne à beaucoup ignorer ; mais quoiqu'elle ignore beaucoup, quoiqu'elle s'y résigne et l'avoue, la science récente de la philosophie dans ses rapports avec les arts est déjà en possession de quelques résultats importants. Elle croit notamment, et jusqu'à preuve contraire, que s'il est des temps où l'art, en s'élevant, peut inspirer heureusement le génie philosophique, il en est d'autres où l'honneur et le devoir de la pensée sont de résister courageusement aux entraînements du goût public. Le philosophe n'est jamais obligé ni forcé de subir son milieu. C'est en échappant au leur, c'est en le défaisant et refaisant jusqu'à un certain point d'après leur idéal, que Socrate, les stoïciens, Descartes et d'autres encore ont donné à l'intelligence humaine ses plus puissantes impulsions.

ISBN : 978-1719260534

www.ingramcontent.com/pod-product-compliance
Lightning Source LLC
Chambersburg PA
CBHW030044230526
45472CB00005B/1673